AF369526

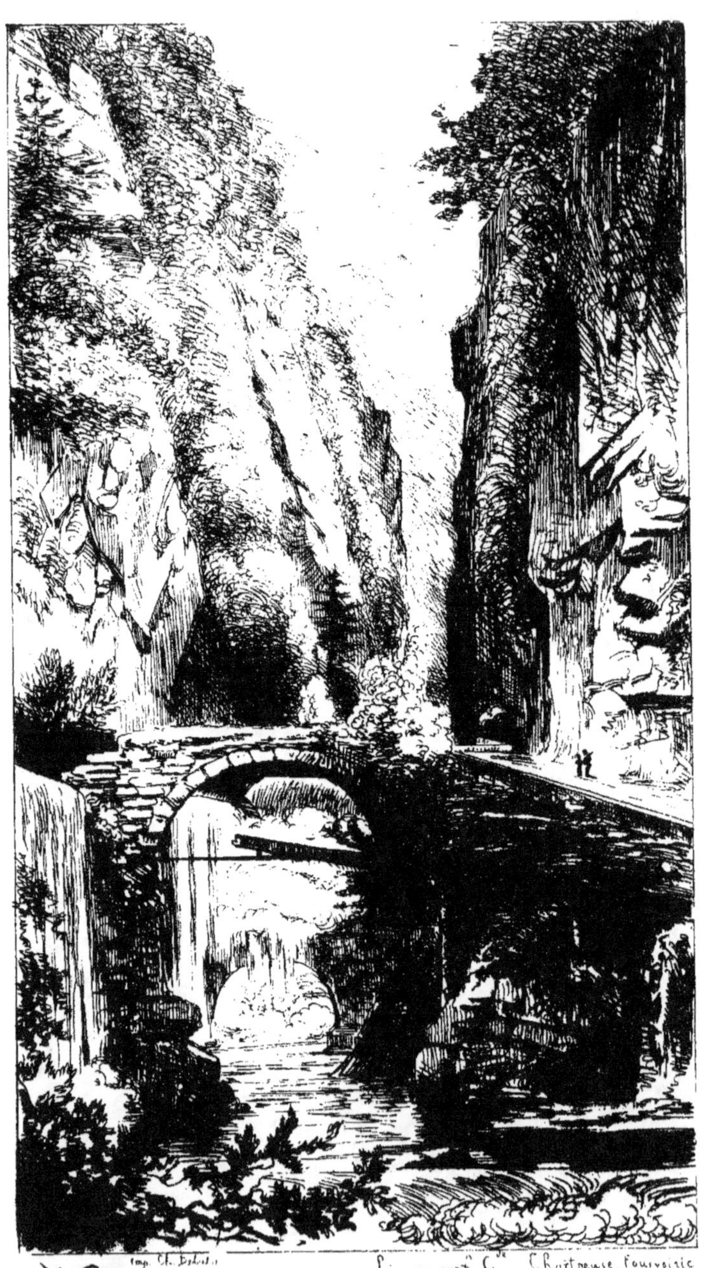

Imp. Ch. Delort
Noël
Le vieux pont Gde Chartreuse, Fourvoirie

CATALOGUE

DES

PEINTURES

SUR

FAÏENCE

GRAND FEU

PAR

GUSTAVE NOEL

DONT LA VENTE PUBLIQUE AURA LIEU

HOTEL DROUOT SALLE N° 9

Le Lundi 1er Mars 1875

A 3 HEURES PRÉCISES

Mᵉ BOUSSATON

COMMISSAIRE-PRISEUR, 39, RUE DE LA VICTOIRE,

Assisté de M. G. MEUSNIER, expert

27, rue Neuve-St-Augustin

EXPOSITIONS

PARTICULIÈRE	PUBLIQUE
Le Samedi 27 Février 1875	*Le Dimanche 28 Février 1875*
De 1 heure à 5 heures.	De 1 heure à 5 heures.

CONDITIONS DE LA VENTE

Elle aura lieu expressément au comptant.

Les adjudicataires payeront cinq pour cent en sus des enchères, applicables aux frais.

NOTICE EXPLICATIVE

I

Cette collection se compose de soixante-trois plaques ou
tableaux, peints d'après nature dans les plus beaux sites de la
France, de la Hollande et de la Suisse. Impression vive, dessin
précis, couleur intense, effet charmant, plein d'air et de lumière.
Le talent du peintre et le talent du céramiste sont ici corroborés
l'un par l'autre, et l'on ne peut mieux identifiés.

M. Gustave Noël, paysagiste bien connu et céramiste novateur,
peint ses tableaux et cuit ses plaques; il fait tout lui-même, et
l'œil du maître veille à tout (avec sa conscience et son habileté)
du premier coup de crayon à la dernière touche du pinceau, et du
premier au dernier caprice de sa fournaise. Ces peintures sont à
grand feu et sur fond *cuit;* procédé particulier nouveau, qui les
distingue de toutes les autres faïences d'art, peintes sur fond *cru,*
depuis les vieux maîtres italiens, hollandais, allemands et français,
jusqu'à M. Noël lui-même.

Expliquons les deux modes d'exécution, dits le *cru* et le *cuit;*
et l'on jugera.

II

Pour peindre sur *cru* — sans jouer sur les mots — on prend une plaque en terre, une fois cuite, de même qualité que celle de la grosse faïence commune. On immerge sa surface fruste d'un liquide stannifère, qui sera l'émail, et qui en attendant n'est qu'un enduit, devenu sec et poudreux, de liquide qu'il était tout d'abord. C'est cette couche, très-sujette à s'enlever par places, et d'un contact réfractaire au pinceau, que le peintre céramiste sur *cru* a pour tout subjectile de son tableau. C'est délicat et même inquiétant pour tout artiste qui n'est pas consommé dans la pratique de cet art. De là l'impossibilité de poser franchement sur une surface si chanceuse les grands *à plats* préparatoires qui déterminent *a priori* l'effet d'ensemble du sujet, et permettent d'en mener de front les grandes masses jusqu'au bout, au lieu d'en parfaire les morceaux un à un, sauf à les raccorder ensuite.

Autres inconvénients : pour les architectures, les mâts de navires et tels objets particulièrement rigides, le peintre sur *cru,* ayant besoin d'une rectitude proportionnelle de traits, n'y peut guère bien réussir sur la surface mouvante de sa plaque : ses traits plus ou moins fermes grossissent et se déforment à la cuisson; et ces déformations-là ne sont plus corrigibles.

L'artiste qui n'est pas fait, de très-longue main, à tous les scrupules et à tous les obstacles de cette scabreuse exécution, perd en hésitations et en stérilités de pratique la moitié de son temps, de sa hardiesse et de son abondance; le moyen de l'art l'emporte sur le but. Le talent, avant de pouvoir s'exprimer, a trop à s'impatienter de cette longue initiation purement matérielle ; et le génie même des vieux maîtres, revenu parmi nous, ne s'y soumettrait plus. Les lenteurs du métier ont toujours irrité l'esprit des grands peintres.

III

Pour peindre sur *cuit,* même plaque de terre et même immer-
sion stannifère; mais au lieu de peindre la plaque ainsi préparée,
on la met au four, qui fait de cette couche poudreuse et difficile
un émail blanc et résistant.

C'est sur cet émail-là que l'Art industriel peint directement, à
l'essence, ses faïences et ses poteries; mais c'est sur double émail
que M. Gustave Noël fait ses faïences d'art, proprement dites, telles
qu'elles sont là. Voici son procédé :

IV

Sur cet émail, dont l'Art industriel se contente pour ses pro-
duits, M. Noël étend une seconde couche stannifère, et la prépare
de telle façon que cette surface, au lieu de l'inquiéter et de lui
résister comme au peintre sur *cru,* lui permet de peindre aussi faci-
lement que sur du papier d'aquarelle; et l'émail cuit, qu'elle re-
couvre, lui sert de dessous, d'un jeu facile et plein de ressources.
Ainsi mène-t-il sans encombre son sujet d'ensemble, et reste-t-il
toujours le maître de corriger ses lignes, de nourrir ses tons et
d'intensifier son effet. En lui le céramiste ne saurait donc gêner ni
réduire le peintre.

M. Gustave Noël, tout en se faisant des difficultés et des défauts
des peintures dites sur *cru* autant d'avantages et de facilités pour
les siennes, a gardé de ses devanciers ce qu'ils ont de bon, même
d'excellent; c'est-à-dire les tons bien fondus et profondément
incorporés dans l'émail. Lui-même, on l'a vu, peint sur *cru,* mais
avec des ressources nouvelles et des procédés qui ne sont qu'à lui.

Ce qui donne à ses faïences d'art leur éclat doux, leur belle
glaçure et leur inaltérabilité, ne résulte pas d'un enduit de verre
fondu par l'Art industriel sur ses faïences et ses poteries décoratives;
c'est l'intensité même du feu.

V

M. Gustave Noël s'étant voué au paysage, n'applique naturellement qu'à ses paysages mêmes le procédé de céramique qu'il s'est créé, et qui est applicable, très-facilement applicable à la figure humaine, à tous les genres de la Peinture.

Chaque artiste, chaque peintre habile serait mis tout de suite au courant de cette heureuse application ; et pour ne donner ici qu'un exemple, mais illustre, Corot, l'ayant essayée dernièrement, a fait de ce coup d'essai un coup de maître :

Corot, prenant la plaque préparée et les pinceaux de M. Gustave Noël, a peint un paysage, et M. Noël a cuit la plaque. En deux heures c'était fait, excellent en tous points, et inaltérable.

« Inaltérable! inaltérable! s'écria Corot, enthousiasmé. Ainsi, mon cher enfant, c'est pour toujours, *ne varietur ;* ça ne bougera plus! C'est très-bon, ça! Parfait! parfait! Que je voudrais en avoir fait bien d'autres comme ça pour les sauver du temps, qui rase tout! »

Un siècle altère, rend le plus beau tableau du monde méconnaissable : le chef-d'œuvre est encore lui et n'est déjà plus lui. Heureux l'Art, si chaque artiste d'élite, à l'exemple renouvelé de Corot, assurait au moins à un des meilleurs morceaux de son œuvre, et grâce au même procédé, la beauté, la fraîcheur et la pérennité!

VI

Donnons-nous maintenant le plaisir de suivre M. Gustave Noël de faïence en faïence, ou plutôt de pays en pays étranger, et de province en province de France : Dauphiné, Berry, Blésois, Bretagne, Normandie. Quelle variété de vues! villes, châteaux, monastères et ruines; ports, chantiers, dunes et falaises, plaines, montagnes, rivières et forêts; solitudes ou stations de plaisir. Ces lieux d'une célébrité pittoresque, universelle, sont peints ici par un artiste de distinction, d'impression et de caractère, qui les rajeunit sans les altérer, et qui, loin de les vulgariser, les consacre d'un cœur simple et d'une main savante.

Ces sujets n'ont pas seulement le caractère particulier et exclusif de tel et tel site : on sent en chacun d'eux le caractère général de la région environnante, l'extrait concentré, le type le plus suggestif de tout le pays.

C'est ainsi, par exemple, que la seule *Vue de Dinan* nous fait faire toute la belle remontée de la Rance , depuis Saint-Malo. Ces bords escarpés, couronnés de châteaux, couverts d'une végétation profuse et splendide, sont comme le bouquet d'artifice du pittoresque de la contrée. Sauf la modernité des châteaux, on se croirait, mais en petit, entre les deux rives du Rhin. Sur la haute colline, dont les arbres semblent étouffer les maisons, et avec son grand viaduc qui plonge ses pieds dans la rivière en reliant les deux montagnes, Dinan, dans sa ceinture de remparts à tourelles, est, par ce beau clair de lune, un doux et caressant nocturne.

VII

Ici, à l'*Entrée du Désert de la Grande Chartreuse,* contrastent l'aridité rocheuse et la surabondance végétale, le silence de la solitude et le fracas des eaux, la profondeur des gouffres et l'altitude des montagnes. Gouffres profonds et sourds ; cimes déchiquetées et nues. C'est le chemin tortueux de Saint-Laurent-du-Pont, qui monte et monte par de grands S S couchés, ajoutés l'un à l'autre comme une longue suite de couleuvres rampantes, le long du Guiémors, torrent profond, abîmes d'eau couverts d'abîmes de verdure, et qui gronde, étranglé entre ces deux parois de roc, anfranctueuses, boisées, et à perte de vue. A leur pied et à fleur d'eau, tout est moussu, chevelu, enverduré et fleuri ; plus haut, viennent les hêtres et les chênes, plus haut encore les pins et les sapins ; et, au revers des suprêmes escarpements où passent les chamois, ce sont des sapinières épaisses dont les vents traversent la profondeur, sombre comme la nuit, sonore comme un orchestre ou mugissante comme la tempête.

Après avoir longtemps côtoyé le torrent, qui paraît et disparaît, mais dont le fracas retentit toujours sous la verdure, le paysage s'élargit tout à coup, et, changement à vue : d'immenses horizons s'ouvrent et se prolongent. Le pied des montagnes verdoie, et leurs arêtes tranchantes coupent le bleu. On aperçoit la cime du grand Som ; et nous voici devant la *Grande Chartreuse,* si fraîchement et si largement assise dans sa cuvette de prairies, entourée au loin de pics, où les nuages se déchirent.

De ce saint asile, où l'air retrempe le corps, l'hospitalité le cœur, et la religion l'âme, l'artiste nous mène aux eaux, non pas à Aix-les-Bains (car les lieux trop populeux vont infiniment moins à nos impressions que les lieux retirés), mais à de superbes cascades, non loin d'Aix même et de sa fashionnable colonie.

Cette *Vue des Cascades de Grésy* est prise d'un tombeau, qui nous dit :

Ô VOUS

QUI VISITEZ CES LIEUX

N'AVANCEZ QU'AVEC PRUDENCE

SUR CES ABÎMES

SONGEZ A CEUX QUI

VOUS AIMENT.

C'est le tombeau de Mme de Broc, belle-sœur du maréchal Ney et dame d'honneur de la reine Hortense. Le 10 juin 1813, les eaux du précipice, enflées par un orage, montaient de quinze mètres. La reine le passa tranquillement la première, sur une planche mobile de deux pieds de large, posée d'un roc à l'autre par le meunier de Grésy. Son amie, perdant l'équilibre au milieu de la planche, tomba et disparut.

On se sent pris de vertige autour de ces riants moulins, ombragés d'ormes et de frênes, d'un mécanisme tout primitif, et branlant sur ces eaux furieuses.

VIII

De la Savoie et du Dauphiné, aux sites tour à tour luxuriants, escarpés et tragiques — comme on vient de le voir — on suit irrésistiblement M. Gustave Noël en Bretagne, depuis *Le Pouliguen* jusqu'au *Bourg-de-Batz* et du *Croisic* à *Guérande;* pays paludéens et maritimes, où tant de types de vieille et fière race résistent encore aux frottements de la vie moderne, dits civilisateurs, mais effaçants et plats comme l'égalité.

Dans le Berry, les *Vues d'Argenton,* des *Ruines de Châteaubrun* et du *Château de Gargilesse,* réduisent à la simplicité caractéristique la plus aimable bien des fantaisies descriptives, qui nous chassent de la nature au lieu de nous y attacher.

Partout M. Gustave Noël nous y attache, lui, d'*Étretat* à *Yport* et d'*Yport* à *Fécamp;* des falaises caverneuses où le flot retentit comme une canonnade, aux dures plages, où le ressac est comme le râle de la mer; des hauteurs de *Granville,* ce nid d'aigle des marins militaires, aux plages mouvantes du *Mont-Saint-Michel,* ce noir donjon des prisonniers d'État; partout il nous fait passer d'impression en impression, de contraste en contraste, au grand plaisir de sa fantaisie, et, qui mieux est, au grand bonheur de la nature, de l'art et de la vérité.

J. CLAYE.

*

DÉSIGNATION

PEINTURES SUR FAÏENCE

(GRAND FEU)

DAUPHINÉ — SAVOIE

1. — Entrée du Désert. (Route de la Grande-Chartreuse.)

2. — Le Vieux Pont. (Au bas de la montée de la Grande-Chartreuse, à Fourvoirie.)

3. — Hospice de la Grande-Chartreuse.

A droite, la maison de refuge pour les dames.

4. — Scierie près le pont Saint-Bruno. (Montée de la Grande-Chartreuse.)

5. — Hospice de la Grande-Chartreuse. (Intérieur de la cour où l'on reçoit les voyageurs.)

6. — Cascade de Grésy, près Aix-les-Bains.

Vue prise près du mausolée de Mme de Broc, qui périt sous les yeux de la reine Hortense.

————

BRETAGNE

7. — Dinan, au clair de lune. (Salon de 1874.)

8. — Mont Saint-Michel. (Côté regardant Avranches.)

9. — Mont Saint-Michel. (Embouchure du Couësnon.)

10. — Mont Saint-Michel. (Crypte d'Aquilon.)

11. — Mont Saint-Michel. (Tour Gabriel.)

12. — Mont Saint-Michel. (Chapelle Saint-Hubert, côté
de la pleine mer.)

12. — Granville, pris de la Falaise.

14. — Granville, pris de Donville.

15. — Granville. (La Mer.)

16. — Église du village de Saint-Pair, près Granville.

17. — Bourg-de-Batz, pris de la Jetée.

18. — Pouliguen. (Vue d'ensemble de la Plage.)

19. — Pouliguen. (Le Pont et la Fabrique.)

20. — Pouliguen. (La Sardinerie.)

21. — Guérande. (Place du Marché.)

22. — Guérande. (Vieille Porte d'enceinte.)

23. — Le Croisic, pris de la Jetée.

NORMANDIE

24. — Vue de Rouen, prise sous le pont du Chemin de
fer qui traverse le petit bras de la Seine, à
l'entrée du tunnel.

25. — Courseulles-sur-Mer, vue prise du côté des Parcs
aux huîtres. (Salon de 1874.)

26. — Village de Gray, près de Courseulles.

27. — Moulin de Gray, près de Courseulles.

28. — Yport, vue d'ensemble de la plage, au fond
Fécamp.

29. — Yport; la Plage.

30. — Yport; Barques.

31. — Enfants jouant autour d'un puits, vue prise en
Normandie. (Salon de 1874.)

32. — Yport, la Ferme des Hogues.

33. — Fécamp, les Falaises entre Yport et Fécamp.

34. — Étretat, la Manne-Porte.

35. — Etretat, la Porte d'Aval.

36. — La Porte des Cordeliers, à Falaise.

37. — Un Escalier à Courseulles.

38. — Les Petits Andelys et le Château-Gaillard. (Bords de la Seine.)

39. — Les Dunes à Bernières (Calvados).

BLÉSOIS

40. — Blois, quai des Imberts. (Bords de la Loire.)

41. — Blois, près du faubourg de Vienne.

42. — Château de Blois. (Tour dite : l'observatoire de
Catherine de Médicis.)

43. — Ruine des Ponts-Chartrains, près Blois.

BERRY

44. — Argenton, pris du barrage de la Creuse.

45. — Demeure du duc de Chauvigny, à Argenton.

46. — Ruines de Châteaubrun (Creuse).

47. — Bords de la Creuse. (Soleil couchant.)

HOLLANDE

48. — Rotterdam, au clair de lune.

49. — Moulin près de La Haye.

SUISSE

50. — Embarcadère près de Brunnen. (Lac des Quatre-
Cantons.)

51. — Près Weggis. (Lac des Quatre-Cantons.)

52. — Montée du Righi, près de la Chute.

53. — Montée du Righi; à l'horizon le mont Pilate.

54. — Château de la Madeleine, près Chevreuse (Seine-et-
Oise).

55. — Près Saint-Omer.

56. — Le Grand Large. (Saint-Omer.)

57. — Environs de Saint-Omer.

58. — Un Château dans l'Orne.

59. — Fontainebleau (mont Ussy), effet de neige.

60. — Incendie (1870).

61. — Le Marais. (Saint-Omer.)

62. — Saut des Cuves (Vosges).

63. — Paysanne de Marcoussis.

PARIS. — J. CLAYE, IMPRIMEUR, 7, RUE SAINT-BENOIT. — [127]